AF138980

Mongolei, Altai Gebirge. Bild: J. Benne

Die kleine Ausrüstungsfibel
Jochen Stather

Redaktion und Gestaltung: J. Stather
Lektorat: Tabea Siegerth
Herstellung/Verlag: BoD - Books on Demand
Norderstedt

1. Auflage, Juli 2010
2. Auflage, Februar 2016

www.joedakar.com
JoeDakar ist ein eingetragenes Warenzeichen von J. Stather

ISBN 978-3-7392-3199-0

DIE KLEINE AUSRÜSTUNGSFIBEL

Ein persönlicher Ratgeber zur Ausrüstung
für Motorrad-Touren

2. Auflage

Jochen „JoeDakar" Stather

„Das Losfahren ist der schwierigste Teil einer Reise"

Kazachstan. Bild: J. Benne

EINLEITUNG

Motorradreisen haben etwas ehrliches - Man ist nah dran an den Menschen, den Gerüchen, dem Wetter, man ist ungeschützt und verletzlich. Entsprechend muss die Ausrüstung wohlüberlegt und sinnvoll ausgesucht werden, denn der Platz auf dem Motorrad ist begrenzt, die Belastung für das Material und der funktionale Anspruch sind hoch.

Die Idee zu diesem kleinen Ratgeber ist während eines Reiseworkshops für Motorradfahrer entstanden. Der Wissendurst der Teilnehmer und „Reisenovizen" war in der gegebenen Zeit einfach nicht zu stillen.

Das Angebot an Ausrüstungsgegenständen ist inzwischen unüberschaubar groß. Ständig kommen neue Hightech-Entwicklungen hinzu, alles wird besser, leichter, kleiner und teurer. Daher nun dieses Buch in der 2., überarbeiteten Auflage. Es basiert komplett auf meinen persönlichen Erfahrungen auf über 300.000 abenteuerlichen Motorradkilometern.

Dieses kleine Buch gibt meinen persönlichen Erfahrungsschatz weiter, nicht mehr und nicht weniger. Es soll dir helfen, die richtige Ausrüstung für deine Tour zu finden.

Viel Spaß beim Lesen, Vorbereiten und vor allem Reisen

Joe Stather, Dietramszell, Februar 2016

INHALT

WAS BRAUCHE ICH WIRKLICH UNTERWEGS?

Auf diese Frage gibt es keine pauschale Antwort.
Was man wirklich unterwegs braucht hängt von
sehr vielen Faktoren ab:

- Reiseland / Reiseländer
- Art der Reise (geführt mit Begleitfahrzeug oder
  alleine)
- Bedingungen vor Ort / Klima
- Infrastruktur vor Ort
- Persönliche Komfortzone
- Dauer der Reise
- Budget
- Ausrichtung der Reise (Straßentour / Offroad)

Eine Regel gibt es nicht, außer der natürlichen
Einschränkung durch Gewicht und Platz auf dem
Motorrad. Wer nicht alles, was er meint unbedingt
mitnehmen zu müssen, auf dem Motorrad
unterbringt, bzw. das Motorrad voll beladen nicht
mehr wirklich fahrbar ist, sollte über ein anderes
Reisekonzept oder ein anderes Verkehrsmittel
nachdenken.

Grundsätzlich gilt:
So viel wie nötig, so wenig wie möglich!

Jedes zusätzliche Gewicht verändert das
Fahrverhalten des Motorrads und knapst so ein
bisschen vom Fahrspaß und von der Agilität ab.
Jedes Kilogramm mehr muss im Zweifelsfall auch
wieder aufgehoben werden.

Der Reisecharakter hat den größten Einfluss auf das benötigte Equipment. Wenn man auf einer geführten Tour mit Begleitfahrzeug unterwegs ist, spielt Gepäck nicht wirklich eine Rolle (außer beim Einchecken am Flughafen). Da kann man schon noch einen Pullover oder ein Paar Schuhe mehr einpacken.

Ist man alleine bzw. ohne Begleitfahrzeug unterwegs, wird es schon etwas enger.
Solange wir uns in besiedelten, infrastrukturell gut ausgebauten Gebieten wie z.B. Europa bewegen, ist die Gepäcksituation immer noch recht entspannt. Man muss im Normalfall seine Nahrung nicht selbst zubereiten, ein Pannenservice ist nie weit, das Handy hat fast immer Empfang und zum Übernachten findet man immer eine Herberge.

Aber schon hier kann man, je nach Gusto, den Gepäckbedarf erhöhen. Geht man z.B. lieber zelten als in Hotels und Pensionen zu wohnen, so nimmt die Gepäckmenge schon spürbar zu.

Wirklich spannend wird es bei Touren, die abseits von entwickelten Gebieten stattfinden. Hier muss man autark sein, d.h. nicht nur das Dach über dem Kopf dabei haben, sondern auch die Küche, eine kleine Werkstatt etc.

Neben dem Charakter der Reise spielt die persönliche Komfortzone die wichtigste Rolle!

Reisen soll Spaß machen und das, obwohl man durch die Wahl des Fortbewegungsmittels und den damit verbundenen, reduzierten Platzbedarf Einschränkungen hinnehmen muss.

Trotzdem hat jeder seine ganz persönliche Komfortzone und der muss/soll auch Rechnung getragen werden. Dies kann ein großes Reisekissen, ein viel zu großes Zelt, eine super dicke Isomatte oder ähnliches sein. Wenn es nicht zu weit weg geht, nehme ich z. B. auch gerne eine kleine Espressomaschine mit - warum auch nicht? Nirgends steht, dass man unterwegs nur schnöden Fertigkaffee trinken muss.

Wohlfühlen heißt das Zauberwort unterwegs!

Lieber eine akribische Planung über den Haufen werfen, mal links statt rechts abbiegen, eine Pause mehr machen, als genervt und gestresst weiterreisen. Das bringt gar nichts - eine Reise soll Spaß machen!

Erlebnisse anderer lassen sich nicht reproduzieren, jede Tour, jede Reise ist eine ganz eigene Welturaufführung! Nur du kannst wissen, was du möchtest und was du dazu benötigst - ich versuch hier nur, mit meiner persönlichen Erfahrung, etwas Licht in das Dickicht zu bringen; entscheiden musst du ganz alleine.

Viel Spaß dabei und viel Spaß beim Reisen mit dem Motorrad. Denn ganz egal, ob es eine Wochenendtour in den Alpen ist oder eine Weltreise ohne Zeitlimit - es gibt nichts schöneres als mit dem Motorrad unterwegs zu sein!

Lass dich treiben - viele Bilder sind in deinem Herzen und Deiner Erinnerung viel besser und wertiger aufgehoben als auf deinem Smartphone und auf Facebook.

Altai Gebirge. Mongolei Bild: J. Stather

ZELTE

Zelte sind unser Zuhause unterwegs. Auf dem Motorrad muss ein guter Kompromiss zwischen Größe, Gewicht und Nutzen gefunden werden.

Grundsätzlich gibt es zwei verschiedene Zeltkonzepte (mit diversen Abwandlungen): *Tunnelzelte* und *Igluzelte*. Beide haben Vor- und Nachteile, die ich auf den folgenden zwei Seiten etwas genauer darstelle.

Ein Zelt sollte auch nach mehrmaligem Auf- und Abbauen noch Spaß machen. Je nach Einsatzzweck und Einsatzdauer bieten sich unterschiedliche Qualitäten an: Wer länger weg möchte, sollte beim Zelt nicht sparen, wer nur über ein Wochenende weg möchte, braucht kein Hightech-Zelt. Auch hier gilt: Man muss sich mit und in seinem Zelt wohlfühlen! Wenn du dich mit dem „megasuper-Zelt" nicht wohlfühlst, suche dir ein anderes - nicht was die Foren, Medien und der Preis sagen, zählt - dein persönliches Empfinden ist wichtig.

- *Beim Zeltkauf das Zelt aufbauen und mit kompletter Motorradmontur reinkriechen.*
- *Für Motorradbekleidung immer 1 Person mehr rechnen als tatsächlich im Zelt schlafen.*
- *Auf gute Lüftung achten.*
- *Platz für Gepäck (Apsiden) ist durch nichts zu ersetzen.*
- *Packmaß/Gewicht im Auge behalten.*

Zelte immer mit einem passenden (nicht größer als des Zelt) „Footprint" (Zeltunterlage) kaufen! Das erhöht die Lebensdauer.

Tunnelzelte

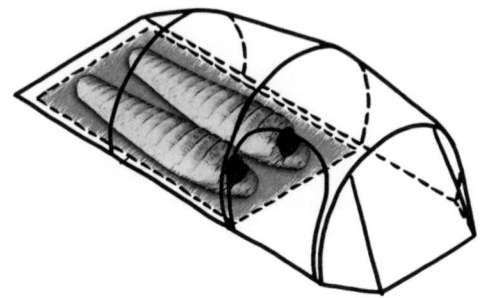

Grafik: Wechsel Tents.

Tunnelzelte sind schnell aufgebaut und haben zumeist das Gestände im Außenzelt. Dies bedeutet, dass auch bei Regen das Innenzelt trocken bleibt, da es beim Aufbau durch das Außenzelt geschützt ist. Allerdings kann bei den meisten Zelten das Innenzelt (für die Tropen) nicht alleine aufgebaut werden.

Vorteile:
- Besseres Gewichts-Volumenverhältnis
- Große Apsiden
- Beste Raumausnutzung

Nachteile:
- Müssen abgespannt werden

Die größeren Apsiden (Stauräume) erlauben es, viel Gepäck im Vorraum unterbringen zu können. Zur Not kann man sich im Vorraum auch anziehen oder kochen.

Meine Tunnelzelte:
Das OUTPOST 2 von Wechsel (für mich alleine)
Das OUTPOST 3 (wenn ich nicht alleine bin)

Igluzelte und Geodäten

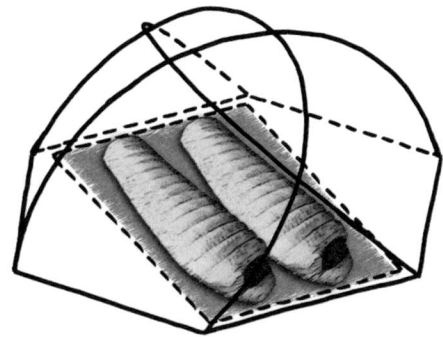

Grafik: Wechsel Tents.

Ein Iglu besteht aus sich einmal kreuzenden Ge-
stängebögen, bei einem Geodäten kreuzen sich die
Bögen mehrfach, was das Zelt sturmstabiler macht.
Hier kann oft das Innenzelt ohne Außenzelt aufgebaut werden, was aber bei Regen auch zu einem
nassen Innenzelt führen kann.

Vorteile:
- Sturmstabiler
- Meist keine Abspannung nötig (Freistehend)
- Mehr Platz im Innenzelt (Raumgefühl)
Nachteile:
- Meist höheres Gewicht
- Kleinere Apsiden

Bedingt durch den geringeren Stauraum muss das
Gepäck draußen bleiben oder mit in das Innenzelt.
Bei Regen wird das Innenzelt beim Aussteigen gerne
nass.

Ein Iglu/Geodät kann bei gleichem Packmaß eine
bessere „Deckenhöhe" bieten.

Wer also gerne etwas mehr Raum hat (nach oben), ist hier gut aufgehoben.
Meine Empfehlung: Das VE 25 von TheNorthFace (super groß) oder das Tungsten 3P von Marmot

Zelte ohne Gestänge

In den letzten Jahren wurden Zelte entwickelt (Tunnel- & Geodätenzelte), die kein klassisches Gestänge mehr haben. Hier wird Luft in Kanäle gepresst, die dann das Zelt tragen. Das spart Gewicht und Platz im Packmaß.
Meine Empfehlung: Keine!

Ich liebe neue Technologien und muss auch immer alles gleich ausprobieren. Ein solches Zelt mit Luftgestänge hatte eine Bekannte auf der Road of bones in Russland dabei -> Zum Glück hatte ihr Begleiter ein eigenes Zelt dabei, sonst hätte sie draußen schlafen müssen. Die Luftkammern waren nicht dicht und schon stand das Zelt nicht mehr... Vorsicht mit solchen Dingen, wenn's wirklich weit weg geht und das Zelt einem das Überleben sichern kann/muss!

Wurfzelte

Kennt man von Festivals oder der DAKAR. Wurfzelte sind einfach Zelte, die man (soweit sie richtig zusammengefaltet wurden) einfach in die Luft wirft und sie entfalten sich selbst. Schneller geht es nicht! Problem ist hier das Packmaß: Funktionsbedingt bildet das Zelt eine Runde, flache Form, wenn es richtig zusammengefaltet wurde (was gar nicht so einfach ist). Der Kreis ist zu groß, um ihn schlau und sicher auf dem Motorrad verstauen zu können. Daher ist das Wurfzelt eher eine Lösung für Touren mit Begleitfahrzeug, Rallyes etc.
Meine Empfehlung: Keine.

SCHLAFSÄCKE

Hier entscheidet sich zu 80% ob man entspannt schlafen kann oder ob die Nacht zum Albtraum wird. Wie bei den Zelten gibt es auch bei den Schlafsäcken zwei grundlegende Unterscheidungen: *Daune* und *Kunstfaser*.

Beide haben Vor- und Nachteile, aber auch hier zählt das persönliche Empfinden. Du musst dich wohlfühlen in deinem Schlafsack! Auch hier muss ein guter Kompromiss zwischen Anforderungen (Klimazone), Packmaß und Wohlfühlfaktor gefunden werden. Dies geht nur durch ausprobieren.

Seiden- oder Baumwollinlets erhöhen die Wärmeleistung und den Schlafkomfort. Sie lassen sich auch als Ersatzbettwäsche in dubiosen Unterkünften verwenden.

Schlafsäcke brauchen Pflege! Nicht im Kompressionsbeutel lagern und möglichst nach Gebrauch gut auslüften.

Als gebräuchlichste Schlafsackform hat sich die Mumie etabliert. Dort ist die Wärmeleistung am besten. Diese können bei warmen Temperaturen als Decke verwendet werden und, je nach Hersteller, auch mit einem zweiten Schlafsack gekoppelt werden - für Verliebte.

Die Wärmeangaben bei Schlafsäcken sind Norm-Werte. Wer leicht friert, nimmt lieber einen etwas wärmeren. Dann darf es nachts auch mal etwas kälter werden.

Daunenschlafsäcke
Vorteile:
- Minimales Packmaß und Gewicht
- Exzellentes Schlafklima

Nachteile:
- Feuchtigkeitsempfindlicher

Ein Daunenschlafsack kann bei gleicher Wärmeleistung fast doppelt so klein verpackt werden wie ein Kunstfaserschlafsack.

Es kommt immer ein Gemisch aus Daunen und Federn zum Einsatz. Über das Mischungsverhältnis gibt die Angabe z.B. 90/10 (=90% Daune/10% Federn) Auskunft. Je höher der Daunenanteil ist (erste Zahl) um so hochwertiger der Schlafsack. Die Federn (zweite Zahl) stützen die Daune. Oft wird auch der Bauschfaktor angegeben. Je höher dieser ist umso besser/wärmer (und teurer) der Schlafsack.
Mein Schlafsack: Helium 850er von Marmot

Kunstfaserschlafsäcke
Vorteile:
- Unempfindlicher gegen Feuchtigkeit
- Meist günstiger

Nachteile:
- Größere Packmaß und Gewicht
- Schlechteres Schlafklima

Bei weniger Pflege robuster als Daune.
Für feuchte Regionen ein Muss.
Aber wer schläft schon gerne in „geschredderten Plastikflaschen"?

Transport, Aufbewahrung und Pflege von Schlafsäcken

Gute Schlafsäcke (egal, ob Daune oder Kunstfaser) werden zumeist mit einem großen, luftigen Aufbewahrungssack und einem Kompressionssack für unterwegs geliefert.

Den Schlafsack zuhause unbedingt luftig im Aufbewahrungssack lagern (oder in einem Kopfkissen-Bettbezug). Darauf achten, dass er vor Motten u.ä. geschützt ist.

Unterwegs so oft wie möglich lüften und trocknen lassen. Wenn der Schlafsack direkt morgens wieder in den Kompressionssack wandert, dann enthält er bis zu einem 3/4 Liter Feuchtigkeit, die wir im Laufe der Nacht in ihn hinein geschwitzt haben....

Schlafsäcke können mit entsprechendem Waschmittel zu Hause auch gewaschen werden (Bitte nicht nach jeder Nutzung). Hersteller von hochwertigen Daunenschlafsäcken bieten einen Wasch- & Regenerationsservice an. Da werden die Daunen fachgerecht gewaschen, verlorene Daunen aufgefüllt und die Nähte überprüft. Danach ist der Schlafsack wie neu.

Tipp für unterwegs:
Ich habe immer ein insektizit-beschichtetes Seideninlet dabei (Cocoon Travelsheet Silk Insect Shield). Das ist super klein verpackt, dient im Sommer als Schlafsack und schützt in dubiosen Unterkünften vor ungebetenen Tierchen im Bett.

ISOMATTEN / SCHLAFUNTERLAGEN

Die Matratze für unterwegs soll zum einen die Kälte und Nässe des Untergrunds von uns fern halten und zum anderen natürlich für ein entspannten, erholsamen Schlafen sorgen - ähnlich der Matratze zuhause.

Der langjährige „Klassiker" ist hier die selbstaufblasende Matte. Diese gibt es von vielen Herstellern in unterschiedlichen Dicken und Längen. Hier muss der Komfort und der Platz im Gepäck entscheiden.
Das Standardmodel ist hier die Therm-a-Rest TT Trail Lite

Alternativ sind Weiterentwicklungen der klassischen Luftmatratze wieder auf dem Vormarsch. Diese bieten ein sensationell kleines Packmaß, müssen aber teilweise mit dem Mund bzw. mit integrierten Pumpen vor jeder Nutzung aufgeblasen werden. Die verfügbaren Varianten bieten für jeden Einsatzzweck etwas. Die Matten sind ohne weitere Isolation (Sommer, Tropen) bis hin zu Daunenfüllungen (Herbst, Winter, gemäßigte Zonen) erhältlich. Entsprechend variiert natürlich das Packmaß und der Preis.
Meine Isomatte: Therm-a-Rest NeoAir Voyager

WICHTIG:
Immer ein passendes Flickset für die Matte mitnehmen und vor dem Ausbreiten auf einen sauberen Untergrund (keine Glassplitter, spitze Steine, Stöcke etc.) achten.

KOCHEN UNTERWEGS

Wer zuhause schon ungern kocht, wird dies natürlich unterwegs auch nicht lieber tun. Trotzdem kann das Kochen unterwegs eine Menge Spaß machen. Wenn man auf dem perfekten Zeltplatz ausgepackt hat, die Sonne am Horizont rot leuchtend untergeht und auf dem leise surrenden Kocher ein leckeres Essen köchelt, dann ist der Reisetag doch perfekt gelaufen...

Wer weiß, dass er abends zeltet und kocht, sollte sich gegen Nachmittag um die benötigten Zutaten kümmern und dabei auch gleich den Wassersack auffüllen. Dann geht es ab zur Zeltplatzsuche. (Trinkwasser möglichst in Flaschen kaufen - auf ungeöffneten Verschluss achten)

Achtung! Nicht jedes Lebensmittel ist nach dem Erwerb noch einen halben Tag auf dem Motorrad transportierbar. Frisches Fleisch, Fisch, Milchprodukte. Eier etc. sollten nur möglichst kurz ohne Kühlung sein bzw. zeitnah verarbeitet werden. Gemüse ist da „leidensfähiger".

Mit relativ wenig Equipment kann man es sich unterwegs schon sehr gut gehen lassen. Am wichtigsten sindnatürlich der Kocher und die passenden Töpfe. Aber auch ein paar weitere nützliche Dinge erleichtern das Kochen/Essen unterwegs ungemein.

Und nein, eine elektrische Spülmaschine für unterwegs ist noch nicht erfunden worden, aber es gilt die alte Regel „Wer kocht, muss nicht abwaschen" (Gilt natürlich nur, wenn man nicht alleine unterwegs ist).

Für den „Küchenbereich" gibt es endlos Equipment auf dem Markt - hier muss jeder für sich entscheiden, was ihm wichtig ist und ob ein zusammensteckbares Champagnerglas unbedingt nötig ist, oder ob der federleichte Titanteller mit passendem Besteck unbedingt mit muss.

Kocher

Für den Motorradfahrer macht logischerweise nur ein Benzinkocher Sinn - Denn den Brennstoff hat man immer dabei. Ich habe die Spritflasche des Kochers immer leicht greifbar und fülle die Flasche beim Tanken immer wieder mit auf.

Benzinkocher gibt es wie Sand am Meer und die Guten sind ziemlich teuer. Aber so einen Kocher kauft man im Normalfall einmal - bei etwas Pflege halten die Kocher fast ewig.

Ich verwende unterwegs einen *Multi/ Omnifuelkocher*. Diese können mit fast allem betrieben werden, was flüssig und brennbar ist. Und man kann ihn auch als Gaskocher verwenden (wenn man mal nicht mit dem Motorrad unterwegs ist). *Mein Kocher: NOVA von Optimus*

Am besten brennen die Kocher mit Reinigungsbenzin, das es natürlich unterwegs nicht gibt. Verbleiter Sprit setzt gerne die Düse zu, daher öfters mal reinigen. Bedienungsanleitungen lesen und den Kocher zuhause mal ausprobieren - Bei unsachgemäßer Behandlung sind die Dinger brandgefährlich - Im wahrsten Sinne des Wortes!

KÜCHENZUBEHÖR

Töpfe

Neben dem Kocher sind die Töpfe am wichtigsten. Eine Non-Stick Beschichtung verhindert Anbrennen. Aber Achtung, die Beschichtung ist empfindlich und muss vor Abrieb während des Transportes geschützt werden(Lappen oder Handtuch dazwischen legen). Der Kocher lässt sich meistens perfekt im Topfset transportieren.

Die Größe des Sets richtet sich immer nach der Gruppengröße. Manchmal sind zwei Sets besser als ein Großes.

Ob es nun Titan, Edelstahl oder Aluminium sein soll, liegt wieder bei den persönlichen Preferenzen. In Titan & Alu ohne Beschichtung brennt's gerne an, Edelstahl ist etwas schwerer.
Mein Topfset: OPTIMUS Terra HE (nonstick).
Der Kocher passt mit in den Topf.

Essgeschirr & Besteck

Hier kann man viel oder wenig Geld ausgeben. Es kommt immer darauf an, woraus und mit was man gerne essen möchte:
Ein *Teller*, indem man auch eine Suppe essen kann ist praktisch.
Aus einer *Tasse* schmeckt der Kaffee oder Tee doch fast wie zu Hause (möglichst etwas isolierendes nehmen, dann verbrennt man sich den Mund nicht so leicht).
Zudem ist ein unkaputtbarer *Becher* aus Lexan (Beim nächsten Festival einfach den Becher nicht zurückgeben) hilfreich - zum Zähne putzen, Tabletten auflösen etc.

Mein *Essbesteck* kommt aus dem Besteckkasten zuhause. Aber es gibt natürlich auch super schöne Lösungen für unterwegs. Und wer gerne mit dem ollen Bundeswehr Reisebesteck sein Essen isst, soll es mitnehmen.

Ich habe mein Besteck und das „Kochwerkzeug" in einem Beutel, der eigentlich für Zeltheringe war, untergebracht. So ist immer alles schön zusammen und griffbereit und das Messer kann keinen Schaden anrichten.

Kleine Küchenhelfer

- Ein kleines Schneidebrett aus dem Supermarkt
- Kleines Küchenmesser (Wellenschliff)
- Kartoffelschäler (Sparschäler)
- Große Pinzette zum Fleisch wenden
- Holzkochlöffel*
- Kl. Schneebesen (für Pfannkuchen usw.)
- Spülmittel + Schwamm

Mit den oben genannten Utensilien kann man unterwegs schon ein richtiges Dinner zaubern.

* Mit einem Holzkochlöffel kann man auch die Fetttemperatur messen, wenn man mal etwas frittieren möchte: Hält man den Kochlöffel in's heiße Fett und es steigen kleine Bläschen auf, hat das Fett die richtige Temperatur (siehe Rezept auf Seite 20)

Außerdem immer mit dabei:

- Ortlieb Faltschüssel zum Abwaschen, Wäschewaschen oder Sitzbäder
- Ortlieb Wassersack 10 Liter mit Duschaufsatz.
- Faltbarer Windschutz für den Kocher
- Alufolie
- Flachmann mit leckerem Schnaps von daheim.

MIT WENIG ZUTATEN GUTES KOCHEN

Mit ganz wenigen Grundzutaten lässt sich unterwegs immer etwas Nahr- und Schmackhaftes „zaubern".
Immer mit dabei (in kleinen Plastikbehältern)

- Salz
- Pfeffer
- Grillgewürz
- Öl
- Zucker
- Gekörnte Brühe / Gemüsebrühe
- Knoblauch
- Kräuter der Provence

Die meisten dieser Zutaten lasse ich unterwegs in einem Café o.ä. immer wieder auffüllen.

Irgend ein „exotisches" Gewürz wie z.B. *Curry* oder *Ras el Hanut* macht aus jedem Essen etwas Besonderes!

Lecker und hilfreich ist auch ein bisschen Honig (gibt es in ganz vielen Ländern am Straßenrand zu kaufen). Gut verpacken!

Gut ist auch, wenn man 1-2 Portionen Reis und/oder Nudeln (wasserdicht verpackt) dabei hat. Mit der Brühe, dem Knoblauch, den Kräutern der Provence lässt sich zur Not auch ganz leicht eine Suppe kochen - wenn's mal nix zum Einkaufen gibt.

Wer sich morgens gerne auch mal mit ein paar Pfannkuchen für den Tag stärken möchte, sollte noch etwas Mehl und Volleipulver mitnehmen.

Für Notfälle habe ich immer 1-2 Packung Fertignahrung und ein paar Energieriegel dabei.

SHRIMPS IM BIERTEIG UNTERWEGS
(Geht alternativ auch mit Gemüse)

Es müssen ja nicht immer die klassischen „Nudeln mit roter Soßen" sein, wenn man unterwegs mal kocht. An einem genialen Zeltplatz, darf es ruhig auch ein geniales Essen geben:

Zutaten:
- Shrimps (möglichst etwas größer). Wenn sie tiefgefroren sind, lassen sie sich gut 1-2 Stunden gut verpackt transportieren.
- Alternativ Gemüse wie z.B. Karotten o.ä.

Für den Teig:
- Mehl
- Eier oder Eipulver
- Salz, Pfeffer
- Bier (alternativ Wein, Wasser oder Milch)

Zum Frittieren:
- 2 Liter Öl

Für den Dip:
- Quark / Joghurt
- Knoblauch, Kräuter
- Alternativ Mayonnaise, Cocktailsoße etc.
- Zitrone oder Zitronensaft

Zubereitung:
Schrimps schälen, waschen, abtrocknen, leicht salzen. Alternativ Gemüse waschen, schälen und in Stifte schneiden (ca. 4cm lang, max 1cm dick)
Einen 2 Liter Topf zu 1/4 mit Mehl füllen. 2 Eier hinzugeben und unter ständigen Rühren so lange Bier hinzugeben, bis ein sämiger Teig ensteht. Mit Salz & Pfeffer würzen.
Knoblauch & frische Kräuter kleinhacken und unter den Quark/Joghurt rühren. Alternativ kann auch einfach etwas gehackter Knoblauch unter eine Mayonnaise gerührt werden.
Das Öl im Topf auf den Kocher stellen und erhitzen.

Die Temperatur stimmt, wenn am eingetauchten Holzlöffel kleine Blasen aufsteigen.
Shrimps oder Gemüse in den Teig tauchen und dann langsam und vorsichtig in das heiße Fett geben. Immer nur 3-4 gleichzeitig backen. Im Fett lassen, bis sie Goldgelb sind. Herausfischen und etwas abtropfen lassen.

Mit etwas Zitronensaft bespritzen und Servieren!

Guten Appetit!

Der Aufwand liegt bei ca. 15 Minuten.
Empfehlung:
- Bier, aber auch ein leichter, im nahen Fluss gut gekühlter Weißwein wie z.B. ein „Chablis" oder ein „Entres deux mers" passt natürlich auch hervorragend dazu.

ACHTUNG: Heißes Fett ist gefährlich!
Deckel für den Topf griffbereit haben - sollte es Feuer fangen - Deckel drauf!
AUF KEINEN FALL MIT FLÜSSIGKEIT LÖSCHEN!

Outdoor Küche & Restaurant. Russland. Bild: J. Stather

WAS MAN SONST NOCH BRAUCHEN KANN

Unterwegs gibt es die eine oder andere
Herausforderung zu meistern und auf einen
gewissen Komfort möchte man ja auch nicht
verzichten:

Hocker / Sitzmöbel

Als junger Mensch ist es vielleicht noch machbar,
sich abends vor dem Zelt im Schneidersitz
in's feuchter werdende Gras zu setzen, oder
auf einem mehr oder weniger bequemen
Stein oder Baumstamm Platz zu nehmen. Mit
zunehmendem Alter oder Komfortwunsch wird
dies aber schwieriger. Nach einem spannenden Tag
unterwegs ist es wirklich Komfort pur, wenn man
sich auf einem bequemen Sitzmöbel niederlassen
kann.
Der Klassiker ist hier ein *Dreibeinhocker* von z.B.
Walkstool.

Aber als echten Geheimtipp (von mir so lange
belacht, bis ich zum ersten Mal drin gesessen habe -
seitdem immer mit dabei) kann ich die *Klappstühle
mit Lehne von Kermit* nur wärmstens empfehlen.
Super bequem und vom Packmaß nicht viel
schwerer und größer als ein guter Dreibeinhocker.
(siehe Foto auf Seite 21)

Kopfkissen

Nie mehr ohne! Das Kissen gibt es in verschiedenen
Größen und lässt sich relativ gut komprimieren
(je kleiner um so weniger Widerstand bietet es als
Kissen). Nie mehr mit Nackenschmerzen aufwachen
oder kaum schlafen, weil ständig der „Fleecejacken-
Kopfkissenersatz" verrutscht. Luxus pur!
z.B. von Therm-a-Rest

T-Pack von Ortlieb

Das Reisen kann unseren Stoffwechsel durcheinander bringen. Daher muss es manchmal schnell gehen - im Wald oder auch auf eher unwirtlichen, öffentlichen Toiletten. Für diesen Fall der Fälle habe ich immer außen am Gepäck den T-Pack von Ortlieb griffbereit. Darin ist eine Rolle Klopapier wasserdicht und immer griffbereit bestens aufgehoben.

Zusätzlich habe ich ein paar einzeln verpackte feuchte Toilettentücher und ein kleine Flasche Desinfektionsmittel mit drin.

Multitool

Braucht man unterwegs ständig. Der Klassiker ist der Leatherman. In der Praxis ist der Hersteller egal - es sollte zu den eigenen Bedürfnissen passen. So gibt es die Teile z. B. auch mit einem Korkenzieher. Qualität sollte es sein, man hat das Tool doch sehr oft in der Hand.

Stirnlampe

Immer dabei! Zum Zelt aufbauen, Lesen, Schrauben usw. Ein völlig unentbehrlicher Begleiter.
z.B. die Tikka plus von Petzl.

Reise-Handtuch

Das Angebot ist völlig unübersichtlich und jedes ist „das Beste". Ausprobieren! Manche fühlen sich an wie Autoleder, andere wie ein Küchentuch. Wichtig ist das Wohlfühlen und die Funktion - manche trocknen einen einfach nicht richtig ab. Nicht zu klein kaufen und wichtig ist, es sollte relativ schnell trocknen.
Vor dem ersten Einsatz waschen.

„Männerspielzeug" (auch für Frauen)
Messer/Beil/Spaten/Säge
Je nach Region können diese Utensilien hilfreich
sein. Zudem gibt es Dinge, die „Mann" einfach dabei
haben muss...

Es gibt wunderschöne und sündhaft teure *Messer*,
aber draußen, wo man mit dem Messer auch
mal eine Dose Thunfisch aufmachen muss, ist
ein günstiges, gutes Gebrauchsmesser deutlich
sinnvoller: Ich bin mit dem Messer von Glock
unterwegs. Ein Fahrtenmesser ohne Schnörkel,
super robust und immer scharf - es wird sicher nicht
ohne Grund von vielen Spezialeinheiten weltweit
eingesetzt.

Je nach Tour kommt man schon mal in die
Verlegenheit einen kleinen Baum fällen zu müssen
(um sich den Weg frei zu machen), oder Feuerholz
bearbeiten zu müssen. Dann ist natürlich ein *Beil*
sehr hilfreich. Mit einem kleinen Beil kann man auch
Zeltnägel in harte Böden treiben oder bei der einen
oder anderen Reparatur etwas Nachdruck einsetzen.
Das rationalste Produkt ist hier das kleine
Campingbeil von Fiskars, leicht und super scharf,
das deutlich „männlichere" und schönere Beil ist
aber die kleine Axt der schwedischen Axtschmiede
Gränsfors Bruks: Handgeschmiedet; ein echtes,
kleines Schmuckstück.

Wer seine Stoffwechselendprodukte und seine
organischen Abfälle im Wald verbuddeln möchte,
dem hilft ein *Klappspaten*. Zudem ist dieser auch
sehr hilfreich beim Motorrad-aus-dem-Schlamm-
Buddeln oder um schnell einen Graben um das Zelt
zu ziehen, bevor es vom nächsten Regenschauer
überspült wird... Der Klappspaten ist auch von Glock
inkl. einer Handsäge im Griff.

Auf großen Touren immer mit dabei, aber doch eher selten in Gebrauch.

Wer weiß, dass er unterwegs immer mal wieder auf umgestürzte Bäume stoßen wird (z.B. auf der *old summer road* der *road of bones*), oder eventuell in die Verlegenheit geraten könnte, ein Floß bauen zu müssen, der sollte - zusätzlich zu der kleinen *Säge* im Taschenmesser oder Multitool - noch eine etwas größere dabei haben. Ganz praktisch und leistungsstark ist die „Pocket chainsaw". Natürlich kann eine kleine, in einer Dose verpackte Säge keine Wunder vollbringen, aber um sich den Weg frei zu sägen geht's - schweißtreibend ist es aber allemal.

Klappmesser / Taschenmesser
Immer praktisch um unterwegs mal einen Apfel zu vierteln, ein Stück Käse abzuschneiden etc. Hier tut es das ganz einfache von Opinel, das es inzwischen auch in Rostfrei und mit Korkenzieher gibt oder natürlich das klassische „Schweizer Taschenmesser".

Achtung: Je nach Klingenlänge und Land fallen Messer & Klappmesser unter das Waffengesetz. Bitte beim Kauf informieren, was noch legal ist und was nicht mehr, bzw. wie es transportiert werden darf.

Fotoalbum
Im Tankrucksack habe ich immer ein kleines Album (analog) mit Bildern von anderen Reisen und von zuhause. Egal, wo man hin kommt, die Bilder helfen Kontakt aufzubauen und manchmal auch um die Exekutive zu besänftigen.

Waschbeutel & Toilettenartikel

Nimm nicht den größten. Je größer der Toilettenbeutel ist, um so mehr packt man rein... Ein Haken zum Aufhängen ist sehr hilfreich. Einen Spiegel hat man am Motorrad. Gib kein Geld für teure Outdoorseifen aus - das Duschgel von zuhause tut es auch. Nicht vergessen: Nagelfeile, Rasierklingen, Kondome, Tampons (für die Frauen) und feuchtes Toilettenpapier einzeln verpackt oder Feuchttücher. Ich nehme unterwegs immer das mit, was ich zuhause auch verwende. Vieles gibt es auch in kleinen Verpackungen oder Gebindegrößen. Mücken- & Sonnenschutz sowie Hautpflege nicht vergessen. Und im übrigen Duschgel, Deo etc. kann man auf der ganzen Welt auch nachkaufen.

Regenschirm

Wer bei Regen draußen kochen muss oder das Zelt aufbauen will oder am Motorrad schrauben muss oder durch eine Stadt bummeln möchte, wird sich über einen kleinen Reiseregenschirm (Knirps) freuen.

Wassersack & Duschvorsatz

Ein Wassersack nimmt leer praktisch keinen Platz weg und kommt nur zum Einsatz, wenn gezeltet wird. Dann wird er vorher an einer Wasserstelle aufgefüllt. Der Duschvorsatz ermöglicht eine rudimentäre aber sehr wohltuende Dusche selbst mitten im Nichts. Trinkwasser in Flaschen kaufen!
Mein Wassersack: Ortlieb, 10 Liter + Duschvorsatz

Zahlungsmittel

EC- und Kreditkarten nicht alle im gleichen Geldbeutel. Immer etwas Bargeld in der Tasche haben. Größere Summen verstecke ich in der Hüftprotektorentasche der Kombi.

Fotografien der Kreditkarten in der Cloud oder als Mail speichern. So hat man Zugriff auf die Kartendaten falls sie mal weg sind.

Bei den Kreditkartenabietern anmelden, wenn man in's „wildere" Ausland fährt. Sonst werden die Karten gerne gesperrt, weil der Anbieter einen Missbrauch vermutet.

Papiere
Kopien/Fotos von allen Papieren in der Cloud o.ä. speichern (Achtung, erst machen, wenn alle Visa drin sind, Einreisestempel auch fotografieren).

Wichtige Papiere wie Pass und Führerschein nur mit Bedacht weitergeben - diese sind ein ziemlich gutes Druckmittel für zusätzliche Einnahmen bei den Kontrollierenden...

Gesunder Menschenverstand & Hirn
Kann man leider nirgends kaufen.

BAM road. Russland. Bild: J. Stather

Öffentliches Satellitentelefon. Russland. Bild: J. Stather

KOMMUNIKATION UNTERWEGS

Neben dem Smartphone habe ich noch in unkaputtbares, wasserdichtes Handy dabei. Das kann zwar „nur" telefonieren, hat aber deutlich besseren Empfang als das Smartphone und eine Akkulaufzeit von 8 Tagen.

Unbedingt über Roaminggebühren etc. informieren. Ist man etwas länger in einem Land, lohnt es sich meistens, eine nationale SIM-Karte zu kaufen. In den meisten Ländern gibt es heute WLAN „an jeder Ecke". So kann man unterwegs ohne große Zusatzkosten seine Mails checken und der Welt über die sozialen Medien seine Erlebnisse berichten (oder auch nicht).

Achtung! Öffentliche WLAN Netze sind nicht sicher! Wenn Du unterwegs Rechner in Internetcafés oder im Hotel nutzt, lösche den Cache-Speicher, bevor du den Rechner verlässt!

Kleiner Tipp: Mach deine Reise und zwar für dich! Die Welt dreht sich auch weiter ohne stündlich einen neuen Post auf Facebook oder Twitter abgesetzt zu haben.

Satellitentelefone machen Sinn, wenn man abseits jeglicher Zivilisation unterwegs ist (Abdeckung des Anbieters prüfen).

Je nach Tour kann ein *GPS-Tracker* wie der SPOT hilfreich sein: Damit können die Daheim-gebliebenen auf einer Webseite deine Tour verfolgen (wenn Du das willst) und du kannst im Notfall Hilfe rufen.
Mein Smartphone habe ich in einer staub- und wasserdichten Hülle von Lifeproof geschützt. Das erhöht die Lebensdauer des Gerätes deutlich.

FOTO & FILM

So lange man nicht mit einem professionellen Auftrag unterwegs ist, sollte man sich gut überlegen, wie viel Aufwand man mit Filmen & Fotografieren betreiben möchte. Wirklich gute Fotos & Filme sind sehr zeitaufwendig und können ganz schnell den Charakter einer Reise verändern. Stundenlange Helmkamera-Filmchen, ungeschnitten und mit dem berühmten Rauschen als „Hintergrundmusik" will keiner sehen...

Also entweder mit einer Idee und entsprechend überlegt an die Sache herangehen, oder lieber weniger Film & Foto und auf's Reisen an sich konzentrieren. Die besten Bilder hat man im Herzen und nicht auf der Festplatte.

Foto/Filmausrüstung

Je nach Anforderung wird diese größer oder kleiner ausfallen. Egal, was man mitschleppt, Ladegeräte und Speicherkarten nicht vergessen. Die Erfahrung zeigt, dass der Normalreisende zwar meist viel Equipment dabei hat, die besten Fotos und Schnappschüsse aber doch mit einer kleinen Digicam/Smartphone gemacht werden.

Wenn ich nur so für mich unterwegs bin, habe ich dabei:
- Smartphone + Ladekabel
- Canon Powershot G16 (fast so gut wie eine „Große")
- Und/oder Powershot SX260 HS (perfekt für Schnappschüsse und Filme während der Fahrt aus der Hand)
- iPad, Adapter, Ladegeräte & Kabel
- 5 Speicherkarten à 16GB

Auf größeren Touren bzw. wenn die Dokumentation ein Thema ist (Reportage etc.), dann habe ich folgende Ausrüstung dabei:

- Canon Powershot G16
- Canon Powershot SX260 HS
- Canon EOS 5D MK III (zum arrangierten Filmen & Fotografieren)
- Canon EF 16-35mm 1:2,8 L
- Canon EF 24-105mm 1:4 L
- Canon EF 70-200mm 1:4 L
- JVC GY HM100 o.ä. („run & gun" Videokamera)
- mind. 20 Speicherkarten mit je 16GB
- mind. 2 externe Festplatten mit je 1TB (Transcent StoreJet M3 Anti-Schock)
- Apple Powerbook 13" mit SSD
- Ladekabel / Geräte, jeweils zweiter Akku pro Gerät
- Adapterkabel
- Reisestativ von Giottos mit Kugelkopf und Videoneiger (Manfrotto)
- Funkfernbedienung für Foto & Videokamera

Jeden Abend (!) überspiele ich die Daten von den Speicherkarten auf's iPad (Adapterkabel) und/der per Laptop auf eine externe Festplatte. Wenn möglich lösche ich die Bilder nicht von den Speicherkarten. Doppelt gesichert hält besser.

Run & gun in action.Russland. Bild: J. Benne

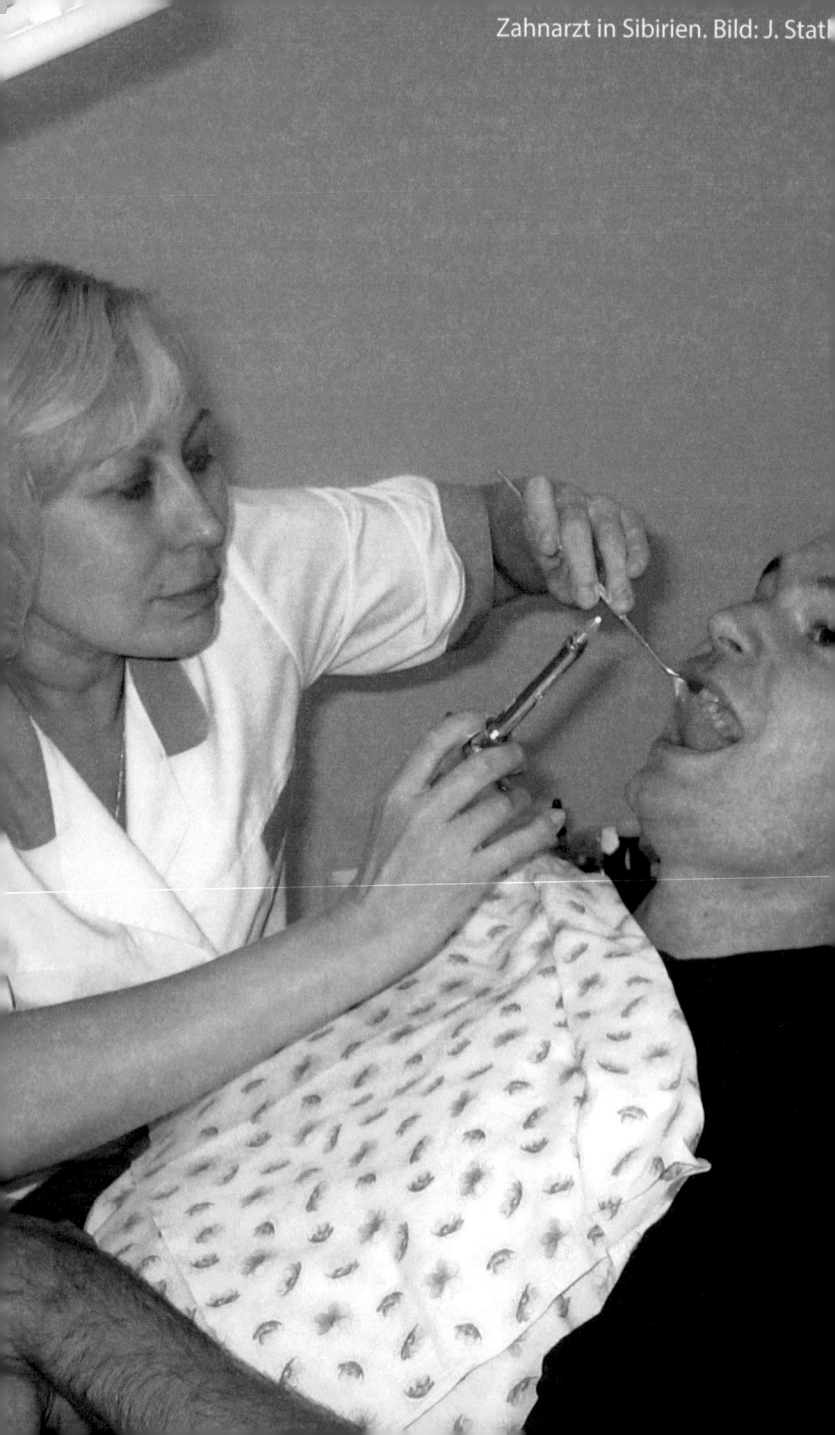

1. HILFE / MEDIKAMENTE

Unbedingt den Erste-Hilfe-Kurs auffrischen! Und zwar nicht den zwei Stunden Kurs. Nein! Einen richtigen Erste-Hilfe-Kurs machen. Das hilft nicht nur unterwegs.

Je nach Reiseland kann ein Erste-Hilfe-Set unterschiedlich umfangreich ausfallen. Ein frühzeitiger (!) Kontakt zum Hausarzt im Vorfeld ist wichtig, schon wegen eventuell anstehender Impfungen oder neuer Rezepte für benötigte Medikamente (wer Medikamente regelmäßig braucht, genug mitnehmen - inkl. Schreiben des Arztes, sonst kann es bei bestimmten Medikamenten und Mengen an der Grenze Probleme geben).

Der Hausarzt kann meist auch die Reiseapotheke und das Erste-Hilfe-Set sinnvoll aufstocken.

Wichtig sind:
- Medikamente gegen Durchfall/Erbrechen
- Elektrolyte
- Schmerzmittel (mittel & stark)
- Breitband Antibiotikum
- Nase/Ohrenspray
- Mittel gegen Sonnenbrand
- Desinfektionsmittel

Sprich mit dem Hausarzt und wenn der sich nicht auskennt, findest dueinige hilfreiche Adressen weiter hinten im Buch.

Zusammen mit einem motorradreiseerfahrenen Notarzt haben wir ein spezielles Erste-Hilfe-Set für Motorradtouren zusammengestellt. Folgende Dinge empfehlen wir zusätzlich:

- Zinkleimverband (für stumpfe Verletzungen - kühlt und stabilisiert)
- Pulsoxymeter (zur Feststellung der Vitalfuntionen)
- Beatmungsmaske (eine richtige Maske, nicht die Tüte zum drüber legen)
- SamSplint - anpassbare Aluschiene (zur Stabilisierung von Brüchen)

Ein spezielles Erste-Hilfe-Set und auch einen speziellen Erste-Hilfe-Kurs für Motorradfahrer findest Du unter www.joedakar.com

Reifenpanne in Sibirien. Bild: S. Boxberg

TECHNIK / WERKZEUG

Es macht keinen Sinn, eine ganze Werkstatt oder ein halbes Motorrad an Ersatzteilen mitzuschleppen. Ein Kundendienst vorab, frisches Öl vor der Abfahrt, neue Reifen und schon ist man für die große Tour gewappnet. Öl gibt es auf der ganzen Welt, es reicht also, eine kleine Menge für unterwegs dabei zu haben. Für die kleinen Reparaturen unterwegs sollte folgendes Equipment nicht fehlen:

- Erweitertes Bordwerkzeug (gibt es meist fertig auf den Motorradtyp abgestimmt)
- Passende Torx / Inbus Schlüssel (Zubehör!)
- Passende Schlüssel zum Radausbau
- „Engländer"
- Montiereisen, Ventilausdreher
- Reifenflickzeugs (vorher üben!)
- Luftpumpe / Kleiner Kompressor
- Kabelbinder, Panzerband
- Kaltmetall
- Draht
- Sortiment Schrauben, Unterlegscheiben, Muttern
- Loctite mittelfest
- Ersatzbirnen
- Kupplungs/Bremshebel. Nippelset
- Ersatzschlüssel
- WD-40
- Reinigungstücher/Reinigungspaste
- Arbeitshandschuhe
- Kleinen Lappen
- Zange & Seitenschneider

Technisches Basiswissen hilft unterwegs. Wer sein Motorrad ein bisschen kennt, kann viele Probleme leichter lösen.

Dinge wie Reifenflicken etc. sollte man vor der Tour schon mal gemacht haben. Es sei denn, man bewegt sich in Reichweite des Automobilclubs, dann kann man den Pannenservice rufen - cooler ist allerdings selber flicken!

Mach doch mal bei unserem Reiseworkshop mit - da lernst du alles, was du zum Reisen brauchst.

Ersatzteile
Man braucht eh immer das, was man nicht dabei hat. Ich habe immer mit dabei (und bis auf einen Gaszug noch nie etwas davon gebraucht):

- Bremshebel
- Kupplungshebel
- Universal Zugset (diverse Seilzüge mit Nippeln zum Anschrauben) für Gas- & Kupplungszüge
- Ersatzbirnchen & Sicherungen (falls das Motorrad noch welche hat)

Ersatzschlüssel
Nicht am/im Motorrad verstecken. Irgendwo so verpacken, dass er möglichst weit weg von dem Ort ist, an dem man den eigentlichen Schlüssel mit sich herum trägt (bei mehreren Fahrern, Zweitschlüssel weitergeben).

 *In der Werkstatt fragen, ob man beim Service dabei sein darf. Eine gute Beziehung zur heimischen Werkstatt hilft auch, Probleme unterwegs zu lösen!*

BEKLEIDUNG

Erfahrungsgemäß bleibt für die Bekleidung am wenigsten Platz im Gepäck übrig. Daher sollte alles, was mitgenommen wird, möglichst mehrere Funktionen erfüllen.

Aber zuerst das Nötigste:
- 3 Unterhosen (kann man wenden und waschen)
- 3 Paar Socken
- 3 Baumwoll (!) T-Shirts

Baumwolle hat gegenüber den Hightechfasern einen großen Vorteil - man kann sie auch nach 2 Wochen (ungewaschen) noch tragen/riechen, das geht mit den Kunstfasern nicht.

- 1 Satz Funktionsunterwäsche
- 1 Satz wärmere Unterwäsche (lang)
- Warme Zwischenschicht wie z.B. ein Powerstrech Fleece Pullover oder leichte Daunenjacke (z.B. Quasar von Marmot). Gut für den Abend vor dem Zelt, den Stadtbummel oder auch als warme Schicht in der Motorradbekleidung
- Schuhe (z.B. Outdoorsandalen oder leichte Wanderschuhe)
- Zippoff Hose
- Outdoor Hemd
- Sonnenschutzhut (Basecap)
- Je nach Region ein Mückennetz für den Kopf.
- Warme Mütze (evtl. Handschuhe)

Der Empfehlung eines bekannten Reisenden, für etwaige Botschaftsempfänge und offizielle Anlässe immer ein weißes Dinner-Jacket dabei zu haben, schließe ich mich nicht an!

Altai Gebirge.Russland. Bild: J. Benne

FAHRERBEKLEIDUNG

Die wichtigsten Kleidungsstücke unterwegs, da man sie praktisch den ganzen Tag und oft viele Tage lang an hat.

Daher gilt: Sie müssen passen und man muss sich wohlfühlen. Hier gibt es keine Kompromisse!

Die Kombi

Natürlich ist es mit davon abhängig, wo man hinfährt; wie, was und wann man fährt; aber generell sollte eine reisetaugliche Kombi einen Temperaturbereich von ca. 5 - 30 Grad abdecken können. Zudem sollte sie vor Wetter schützen, gut belüftet sein und entsprechend gute Abrieb- und Schutzwerte im Sturzfall haben.

Ganz schön viele Faktoren für ein Kleidungsstück.

Für den Reisebereich gibt es zwei mögliche „Konzepte"

1. Wasserdicht durch Inlett

Hier besteht die Kombi zumeist aus Cordura Oberstoffen. Diese haben einen hohen Abriebswert und sind gleichzeitig luftiger. Wasserdicht werden diese Kombis erst durch ein zusätzliches Inlett.

Dies hat den Nachteil, dass die Kombi im Regen nass wird und sich vollsaugt. Man bleibt zwar trocken, aber wer eine platschnasse Kombi schon mal mit in sein Zelt nehmen musste, weiß, dass es deutlich angenehmeres gibt. Zudem ist so ein Inlet im Regenfall unterwegs schlecht anzuziehen, da man erst die Kombi ausziehen muss.

Die Lösung hier liegt in einer zusätzlichen, zweiteiligen Regenkombi:
In dieser Kombination werden die Kombis zu perfekten Reisebegleitern, da man in Verbindung mit der Regenkombi für wirklich alle Eventualitäten gewappnet ist. Zudem dient die Jacke der Regenkombi auch noch als Wetterschutz bei einem abendlichen Stadtbummel oder vor dem Zelt.
Ich verwende die BMW Rallye Kombi mit dem BMW Klima Comfort als Regenkombi

Dank der fortschreitenden Entwicklung im Bereich wasserdichter & atmungsaktiver Stoffe gibt es noch ein zweites Konzept:

2. Wasserdichter Oberstoff
Die wasserdichte und atmungsaktive Membran ist mit dem Oberstoff verbunden. Die Kombi wird nicht mal nass und schützt perfekt vor Regen und Kälte. Inzwischen gibt es solche Kombis mit umfangreichen und durchdachten Belüftungen, sodass auch sie den kompletten Nutzungsbereich abdecken.
Das Geniale ist: Wenn es zu regnen beginnt zieht man bei der wasserdichten Kombi einfach die Lüftungsreißverschlüsse zu und fährt trocken weiter während die Mitfahrer das „Regenkombi-anzieh-Ballet" starten und sich mit den tollsten Verrenkungen in ihre Regenkombis zwängen.
Mein Favorit: KLIM's Traverse oder Overland.
(Leicht, kein „Schnickschnack, einfach funktionel)

Achtung:
Alles, was wir in der Jacke & Hose mit uns rumschleppen, kann im Falle eines Sturzes zu schweren Verletzungen führen. Je weniger Taschen wir haben um so besser!

Es gibt einen Trend zu superteuren, hochtechnischen Motorradkombis. Wählt mit Bedacht. Wenn du schon bei der Anprobe die verschiedenen Reißverschlüsse vertauschst und die Kombi nur mit einer Anleitung anzuziehen ist, dann geht einem das unterwegs (wenn man die Kombi oft an- und ausziehen muss) ganz schnell ziemlich auf den Wecker. Manchmal ist etwas weniger auch mehr.

Helm

Hier kommt es wieder auf den persönlichen Gusto an - ob Klapphelm, Integralhelm, Endurohelm oder Endurohelm mit Visier.

Klapphelm

Beliebt und sehr praktisch. Vieles lässt sich lösen, ohne den Helm abnehmen zu müssen und gerade für Brillenträger ist er sehr komfortabel. Leider ist die Klappmechanik anfällig. Wenn er runter fällt (und das wird er) kann die Mechanik zerstört werden. Zudem ist er durch die Mechanik schwer und meist laut. Ich verwende den Klapphelm auf geführten Touren oder wenn ich mit Gruppen unterwegs bin.
Mein Klapphelm: BMW System 6

Integralhelm

Höchste Sicherheit und Ruhe.
Er kommt bei mir nur im Winter und auf der Rennstrecke zum Einsatz.
Mein Integralhelm: Schubert S1

Endurohelm

Luftig und leicht. Regnet es wird, man nass; fährt man durch einen Mückenschwarm, hat man sie im Helm. Aber man ist am direktesten dran, bekommt am meisten Luft und hat ein großes Sichtfeld.

Man braucht eine Endurobrille, was es für Brillenträger schon wieder schwieriger und auch die Nutzung etwas komplizierter macht.
Im Gelände erste Wahl!
Mein Endurohelm: Airoh Aviator II

Endurohelm mit Visier
Er ist der beste Kompromiss für unterwegs. Hier hat man das große Sichtfeld und die Belüftung vom offenen Endurohelm, kann aber anstelle der Endurobrille auch einfach das Visier verwenden. Das macht ihn zum vielseitigsten Helmtyp auf dem Markt.
Mein Reisehelm: BMW GS Helm

Bei offenem Visier oder Endurohelm bitte immer mit Brille fahren: Eine Fliege oder ein Stein, die in unser Auge einschlagen, können es für immer zerstören! Und wir haben nur zwei Augen!

Stiefel

Je nach Beschaffenheit der Tour kann man hier die deutlich bequemeren Tourenstiefel wählen oder die harten Endurostiefel. Letztere bieten bestmöglichen Schutz, sind aber bei kleineren Ausflügen ziemlich unbequem, für einen Stadtbummel sind sie eher ungeeignet. Die Schuhe auf jeden Fall vorher einlaufen und auch das Fahren mit den steifen Endurostiefeln will geübt sein!

Wer mit Endurostiefeln unterwegs ist, sollte die Gore-Socken nicht vergessen. Diese machen den Stiefel „wasserdicht" - bzw. die Füße bleiben trocken, auch wenn das Wasser im Stiefel schwappt.
Meine Endurostiefel: BMW GS Rallye GS PRO
Meine leichteren Reise/Straßenstiefel: BMW Gravel
Meine wasserdichten Socken: KLIM

Handschuhe

Ich habe immer ein paar Endurohandschuhe und ein paar wärmere Handschuhe für schlechteres Wetter dabei.

Meine Endurohandschuhe: BMW Rallye 3
Meine Schlechtwetterhandschuhe: BMW GS Dry
Meine Straßen/Rennhandschuhe: RUKKA Raptor

Regenkombi

Der *Klima Komfort* von BMW spielt in einer eigenen Liga und kostet auch entsprechend. Natürlich gehen auch günstigere Regenkombis. Auf Atmungsaktivität achten, sonst wird man von innen nass. Die Regenjacke sollte sich auch als normale Jacke abends am Zelt oder für einen Ausflug eignen.

Protektoren

Die Stoffe der Kombi schützen vor Abrieb, die Protektoren sollen die Auf- und Anprallkräfte verringern. CE-Norm, gute Qualität und guter Sitz sind wichtig. Trotzdem verwende ich meist externe Protektoren, da diese (bei der richtigen Größe) immer besser sitzen und nicht so leicht verrutschen können.

Auf der Straße verwende ich einen *externen Rückenprotektor*, da die meisten Serienprotektoren am Rücken viel zu kurz sind. (Trotz CE-Norm)
Mein Rückenprotektor: Ortema Ortho-Max Vest

Im Gelände trage ich eine komplette *Protektorenjacke* (keinen Motocross-Panzer) mit Nierengurt. Das ist zwar etwas aufwendiger anzuziehen, schützt aber auch optimal.
Meine Protektorenjacke: Ortema Ortho-Max Jacket

Je nach Tempo, Gelände usw. schadet auch ein
Neckbrace nichts!
Mein Neck Brace: Ortema ONB

Meine Knie schütze ich mit *Orthesen*.
Diese verhindern eine Überdehnung/Überstreckung
des Kniegelenks und werden meist erst nach
einer Knieschädigung und im Sportbereich
verwendet. Ich verwende die Orthesen seit vielen
Jahren prophylaktisch, und sie haben mir schon
diverse Male das Knie „gerettet". Zudem sind die
Orthesen, wenn man sie mal anhat, oft bequemer
als die üblichen Knieprotektoren, die irgendwann
empfindlich gegen die Kniescheibe drücken
können.
Meine Knieorthese: Ortema X-Pert

*Manchmal „nervt" das ganze Protektorenthema
- schwierig und umfangreich beim Anziehen, viel
extra „Geraffel" - aber einmal ohne gefahren könnte
einen ziemlich lange ärgern!*

Ersatzteile
Immer genügend Ersatzvisiere (bei Integralhelm)
oder Brillenscheiben (Endurohelm) und Ersatzbrille
dabei haben. Ein Paar Ersatzhandschuhe schaden
auch nicht.

Halstuch / Sturmhaube
Verhindert Halsentzündungen und schützt bei
schlechtem Wetter. Zusätzlich wird verhindert, dass
Fliegen und stechwütiges Kleingetier im Kragen
landen können.

Gehörschutz

Schütze dein Gehör! Nach einem Tag mit Gehörschutz steigt man viel entspannter vom Motorrad. Speziellen Gehörschutz für Motorrad-Fahrer bietet fast jeder Hörgeräteakustiker an. Ein offener Filter lässt Motorgeräusche und auch Sprache durch und blockt dafür die Windgeräusche ab.

Ich habe mir eine sogenannte Otoplastik machen lassen. Das sind auf den Gehörgang angepasst „Ohrstöpsel". Hier kann der Filter entsprechend gewählt werden, der Schutz ist sehr hoch und sie tragen sich auch an langen Tagen super angenehm.

Trinkrucksack

Trinken ist lebenswichtig. Wer langsam dehydriert, verliert seine Konzentrations- und Reaktionsfähigkeit. Dass man dehydriert ist, merkt man aber leider erst, wenn es zu spät ist. Daher immer einen Trinkrucksack auf den Rücken und regelmäßig trinken.
Mein Trinkrucksack: KRIEGA Hydro-3 bzw. eine Trinkblase in der Kombi.

Mit Elektrolytpulver schmeckt das Wasser etwas besser, der Mineralstoffhaushalt des Körpers wird ausgeglichen und das Wasser wird im Körper länger gebunden - man muss nicht nach jedem Schluck zum Pinkeln anhalten. Den Trinkrucksack regelmäßig reinigen und am besten keine zuckerhaltigen Getränke einfüllen. (Schimmelgefahr!)

GEPÄCKLÖSUNGEN

Lange Zeit war der Alukoffer das Erkennungszeichen der Motorradreisenden, das ändert sich langsam. Für Reisen, die nicht nur auf der Straße stattfinden, gibt es zwei große Gruppen von Reisetypen:

Die „GS-Adventure-Fraktion" die mit großen, schweren (aber durchaus geländetauglichen Motorrädern) auch lange und ambitionierte Reisen unternimmt. Hier ist der Alukoffer „Pflicht".

Die „Sportlich-und-Extrem-Fraktion", die mit leichteren, kleinvolumigeren Motorrädern lange und teilweise sehr extreme Reisen unternimmt. Hier haben sich Softgepäcksysteme/Taschen durchgesetzt.

Koffer

Am bekanntesten ist hier der Alukoffer, den es inzwischen in vielen Ausführungen und von vielen Herstellern in unterschiedlichen Preisklassen gibt.
Vorteile:
- Abschließbar
- Robust, Wasserdicht (zumindest neu)
- Leicht zu packen
- Schützt den Inhalt auch beim Sturz
- Als Sitzmöbel, Tisch, Montageständer einsetzbar

Nachteile:
- Schwer
- Sperrig
- Nach Verformung nicht mehr dicht
- Kann im Gelände stören
- Trägersystem wird benötigt

Mögliche Alternative: Robuste Kunstoffkoffer wie der GOBI Koffer von Hepco & Becker. Der verformt sich nicht bei einem Sturz und bleibt wasserdicht.

Reisen light. Karelien. Russland. Bild: J. Stather

Softgepäck / Taschen

Hier hat sich einiges getan in den letzten Jahren und so sind die Softgepäcklösungen eine ernstzunehmende Alternative zu den Koffern geworden.

Vorteile:

- Leicht
- Teilweise ohne feste/umfangreiche Trägerlösung einsetzbar
- Wasserdicht (unterschiedliche Lösungen)
- Robust
- Stören im Gelände nicht
- Flexibel
- Leicht zu reparieren

Nachteile

- Schlecht oder gar nicht abschliessbar
- Inhalt im Sturzfall weniger gut geschützt

Mein Softgepäck für kurze Touren: Ortlieb Moto, für große Touren & Expeditionen: Magadan MK II

Tankrucksack

Super praktisch, da man direkten Zugriff hat. Hier sollte alles rein, was man eigentlich in der Jacke hat. (Foto, Zigaretten, Sonnenbrille, Taschentücher, etc.)

Aber Vorsicht: Je größer der Tankrucksack, umso unbeweglicher ist man auf dem Motorrad (vor allem beim Offroad- / Stehendfahren ein echtes Thema). Wer in einem großen Tankrucksack z.B. seine Fotoausrüstung transportiert, kann sich bei einem Sturz die Rippen an seiner Kamera brechen...

Wasserdichte Taschen & Packsäcke

Die Zeiten der riesigen Gepäckrolle sind zumeist gezählt. Inzwischen gibt es praktischere Lösungen. Wird ein Packsack von oben gefüllt, so sucht man schon recht lange, bis man gefunden hat, was man gerade braucht. Der RackPack ist mit einer breiten Öffnung zu beladen und somit übersichtlicher. Er geht als „normale" Tasche beim Checkin durch.

Schlau ist es, lieber zwei kleinere Packsäcke als einen großen zu verwenden. Qualität ist vor allem für größere/längere Reisen sehr wichtig. Die Taschen machen was mit.
Mein Packsack: Ortlieb RackPack in verschiedenen Größen

VERPACKEN UND BELADEN

Regel 1
Nicht zu viel mitnehmen!
Auch wenn in den Koffern/Taschen viel Platz ist,
sollte man sich möglichst einschränken, denn
der Reiz einer Motorradreise liegt nicht zuletzt in
der Beschränkung auf das Wesentliche. Gewicht
erhöht den Benzinverbrauch und verändert die
Fahreigenschaften. Je weniger, je besser.

Regel 2
Gleichmäßig packen!
Obwohl die Koffer/Taschen und das Trägersystem
auf maximale Sicherheit und Belastung ausgelegt
sind, gibt es Grenzen. Die Koffer/Taschen müssen
gleichmäßig beladen werden. Hier hilft ein kleiner
Test auf der Waage, bevor es losgeht. Ungleich
schwere Koffer/Taschen belasten das Trägersystem
unnötig und verändern die Fahreigenschaften des
Motorrades.

Regel 3
Gewicht nach unten!
Schwere Sachen kommen nach unten, alles
Leichtere obendrauf. So bleibt das Gewicht nahe am
Mittelpunkt der Maschine und „stört" weniger beim
Fahren. Je weiter das Gewicht nach oben wandert,
umso höher wird der Schwerpunkt des Motorrades.

Regel 4
Sinnvoll packen!
Dinge die zusammen gehören, zusammenpacken.
Hier helfen Innentaschen oder kleine Packbeutel.
So ist der Inhalt sortiert und immer griffbereit.
Außerdem sind die Koffer/Taschen am Morgen
schneller wieder gepackt.

Ural Gebirge.Russland. Bild: J. Stather

JETZT NOCH SCHLAU VERPACKEN UND DANN KANN ES LOSGEHEN

Tankrucksack
Hier kommen die alltäglich benötigten Dinge rein:
Kleine Fotokamera
Ersatzhandschuhe
Sonnencreme, Mütze, Sonnenbrille
Papiere (die Kopien versteckt man am besten unter der Sitzbank)
Taschentücher, Toilettenpapier
Landkarte
usw.

Koffer/Taschen
(Auf gleichmäßige Gewichtsverteilung achten!)
Nach unten kommen:
Werkzeug
Ersatzteile
Küchenutensilien
Elektronikkram (Ladegräte, Batterien usw.)
Klappspaten
Oben drauf kommen:
Schuhe
Bekleidung
Erste-Hilfe-Set
Toilettensachen
Schlafsack
Ganz nach oben:
Dinge, die man schnell mal brauchen könnte wie z.B.
Regenkombi
Wassersack (leer). frische Lebensmittel

Gepäckrolle/Rackpack
Zelt, Isomatte
Sitzmöbel

*Alle Ausrüstungsgegenstände zuhause auslegen,
dann sortieren und in den Gepäckstücken verteilen.
Noch was übrig? Dann muss reduziert werden.*

*Das Motorrad packen und eine „Testtour" machen:
Alles, was man auf dieser Testtour dabei hatte und
nicht angerührt hat, kann zu Hause bleiben. Alles
was genervt hat, durch etwas anderes ersetzen.*

Meine Gepäckunterbringung:
Koffer: Alukoffer BMW
Softgepäck für kurze Touren: Ortlieb Moto,
für große Touren & Expeditionen: Magadan MK II
Packsack: Rack Pack Gr. M oder L, Ortlieb
Für die Ordnung: Packsäcke PS10, Ortlieb
Tankrucksack: Touratech
Zurrgurte: RockStraps

Sportliches Reisen. Marokko. Bild: J. Benn

MOTORRAD AUSRÜSTUNG

Die Aus- und Aufrüstung des Reisemotorrades könnte einen ganzen Ratgeber füllen. Daher hier nur die Basics. Eine ganze Industrie versucht seit Jahrzenten uns glauben zu machen, dass ein Motorrad von der Stange, also so wie es der Hersteller verkauft, auf keinen Fall reisetauglich ist. Ganz so dramatisch ist es nicht - es gibt ein paar sinnvolle Anbauteile, aber auch viel Unsinniges. Ein Motorrad muss nicht aufgerödelt sein wie die Maschinen von Charley Boorman und Ewan McGregor auf „Long way round", um dich um die Welt zu bringen. Anbauteile sind immer auch zusätzliches Gewicht - Gewicht, das es zu bewegen und aufzuheben gilt.

Motorschutz
Wer ins gröbere Gelände möchte, sollte sich zumindest einen soliden Motorschutz zulegen. Oft gibt es die Teile schon vom Hersteller, aber auch die Zubehörspezialisten haben da jede Menge auf Lager. Im Zweifel tut es ein einfacher und robuster.

Sturzbügel
Bei Motorrädern mit Boxermotor ist ein Schutzbügel für den weit herausragenden Motor durchaus sinnvoll. Aber das ganze Motorrad in Bügel zu packen macht es nur schwerer. Wer so an seinem Fahrkönnen zweifelt, dass er das ganze Motorrad schützen muss, sollte lieber in ein Fahrtraining investieren.

Schutzbleche & Bügel
für alles „was nicht zuhause bleibt"
Die helfen meist nur dem Hersteller. Mit dem gesparten Geld gehst du lieber länger auf Reisen.

Zusatzscheinwerfer

Ein richtig heller Zusatzscheinwerfer kann nichts schaden, zudem wird die Lichterscheinung verändert und das erhöht die Sichtbarkeit im Straßenverkehr

Fahrwerk

Eine Wissenschaft für sich! Ein wirklich gutes Fahrwerk macht dich sicherer und schneller. Beachte vor allem das zusätzliche Gewicht, wenn es um eine Reise mit viel Gepäck geht. Für alltägliche Fahrten und den Wochenendausflug oder die eine Woche Motorradurlaub im Jahr sind die Fahrwerke der Hersteller zumeist ausreichend und vor allem oft auch komfortabel einstellbar (elektrisch). Wer's sportlicher liebt oder was „wilderes" vorhat, geht zum Spezialisten. Fahrwerk ist so individuell wie Laufschuhe für den Marathon. Beraten lassen, nicht blind den Tests in den Motorradzeitschriften glauben -> ausprobieren!

Ergonomisches Zubehör

Sitzbank

Eine langstreckentaugliche Sitzbank macht in vielen Fällen Sinn. Die Standardsitzbänke sind oft sehr weich, das ist am Anfang angenehm, wird aber auf langen Etappen anstrengend, da das Becken keinen Halt hat. Hier gibt es tolle Produkte auf dem Zubehörmarkt.

Lenkererhöhung

Sie ist zwar komfortabel, verändert aber die Fahreigenschaften des Motorrads massiv, da sich die Position des Lenkers vom Lenkkopf entfernt. Somit wird das Motorrad im Gelände schwerer steuerbar. Besser den Lenker etwas nach oben drehen oder die Fußrasten etwas tiefer setzen.

FERNREISE AUSRÜSTUNGSLISTE (Vorschlag)

Fahrerausstattung
Helm (ev. Endurobrille)
Handschuhe
Handschuhe für schlechteres, kälteres Wetter
Stiefel
Kombi
Regenkombi
Wasserdichte Socken

Bekleidung
Halstuch
Sturmhaube
Motorradstrümpfe 3x
Sportunterwäsche warm 1x
Sportunterwäsche normal 1x
warme Zwischenschicht, Fleecejacke
Zipp-Off Outdoorhose 1x
Outdoor Hemd 1x
T-Shirts 3x
Unterhosen 3x
Leichte Trekkingschuhe / Outdoor Sandalen
Mütze (Sonnenschutz)

Camping
Zelt + Footprint inkl. Stangen & Heringen (!)
Isomatte inkl. Flickset
Schlafsack, Inlet
Sitzmöbel
Benzinkocher, Reparaturset, Spritflasche
Topfset, Teller, Besteck
Gewürze
Wassersack, Duschvorsatz
Stirnlampe
Seife
Mückenschutz

Sonnenschutz
Handtuch
Faltschüssel
Spülmittel, Waschmittel (Rei-in-der-Tube)
Wasserdesinfektionsmittel (Micropur)
Toilettenpapier, Feuchttücher
Klappspaten/Messer/Beil

Sonstiges
Fotoalbum mit Bildern von zuhause
Schweizer Messer
Leatherman
Trinkrucksack, Elektrolytpulver
1. Hilfe Set
Hausapotheke
Fotoausrüstung
Handy
Gesunder Menschenverstand
Ersatzschlüssel
Papiere, Kopien der Papiere
Wichtige Adressen von daheim
Landkarten, Reiseführer, Lesestoff
Tagebuch
Kleine Geschenke wie Feuerzeuge, Pins, Postkarten

Werkzeug
Reifenflickzeugs (vorher üben!)
Luftpumpe und/oder kleiner Kompressor
Kabelbinder, Panzerband, Draht
Kaltmetall
Sortiment Schrauben, Unterlegscheiben, Muttern
Loctite mittelfest
Ersatzbirnen
Kupplungs/Bremshebel
Züge + Nippelset
WD-40
Werkzeug in passenden Größen

BEZUGSQUELLEN / INFORMATIONEN

Motorradausrüstung
www.adventure-spec.com
www.bmw-motorrad.de
www.hepco-becker.de
www.touratech.de
www.wunderlich.de

Outdoor Equipment
www.adventure-spec.com
www.daerr.de
www.globetrotter.de
www.woick.de

Reise- & Gesundheitsinformationen
www.auswaertigesamt.de
www.careplus.nl

Erste Hilfe Set, Training & Reisen
www.joedakar.com

Hersteller:
www.adventure-spec.com (Magadan Taschen)
www.bmw-motorrad.de
www.kermitchair.com
www.klimgermany.com
www.marmot.com
www.optimus.se
www.ortema.de
www.ortlieb.de
www.wechsel-tents.de

Enduro- & Strassentraining, Reiseworkshops:
www.drivingexperiencemoto.de

Weitere Bücher des Autors:

EURASIEN TOUR
Auf ein Bierchen zum Ende der Welt
Das Tagebuch einer abenteuerlichen Motorradreise von Düsseldorf nach Vladivostok - offen, ehrlich und ungeschminkt! Pflichtlektüre für alle, die es in die Ferne zieht.

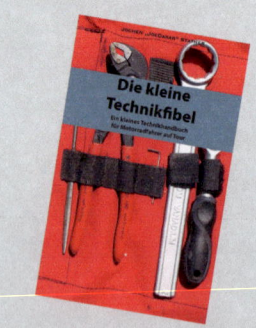

DIE KLEINE TECHNIKFIBEL
Motorradtechnik für unterwegs
Praktische Tipps für die kleinen technischen Probleme unterwegs. Bild-für-Bild Anleitungen für's Reifenflicken und was einen sonst noch herausfordern könnte. Kein Werkstatthandbuch, ein Leitfaden für unterwegs.

Viele Motorradabenteuer des Autors unter www.joedakar.com

ÜBER DEN AUTOR

Jochen „JoeDakar" Stather, 1971

Der gelernte Koch, Hotelkaufmann und angehende Wirtschaftspsychologe hat schon viel erlebt.

Den ersten Abschnitt seines beruflichen Lebens hat er in der Gastronomie und Hotelerie verbracht. Bei Unternehmen wie dem Cirque du Soleil, „Pomp Duck and Circumstance" - dem Restaurant-Theater von Hans-Peter Wodarz - und den Lindner Hotels hat er sich seine gastronomischen Sporen verdient.

Das Motorradreisen entdeckte er 2003 als er sich mit einer BMW F 650 Dakar und drei Bekannten auf sein erstes Abenteuer wagt: Düsseldorf - Vladivostok. Danach ging es in den sibirischen Altai, im Winter auf dem Landweg nach Syrien, in 9 Tagen über das Nordkapp nach Gibraltar. Er folgte der Wolga von der Quelle bis an das Kaspische Meer und auch Norwegen im Winter ist nicht vor ihm sicher. Zum 10-jährigen Jubiläum der Vladivostok-Tour machte er sich mit der ersten gefertigten BMW F 800 GS Adventure auf den Weg nach Magadan.

Längst ist seine Leidenschaft zum Beruf geworden: Als Geschäftsführer der JoeDakar GmbH bietet er Motorradreisen, Trainings und Workshops an und zertifiziert als Cheftrainer der BMW Motorrad International Tourguide Academy Tourguides in und aus aller Welt. Zudem berät er Menschen, Unternehmen und Marken bei der Identitätssuche und der Definition und Verwirklichung von Zielen.

www.joedakar.com
www.drivingexperiencemoto.de